Bibliografische Information der Deutschen Nationalbibliothek:
Die Deutsche Nationalbibliothek verzeichnet diese Publikation in der
Deutschen Nationalbibliografie; detaillierte bibliografische Daten
sind im Internet über http://dnb.d-nb.de abrufbar.

Texte und Layout:: Sandra Cramm
sc-lektorat.de

1. Auflage 2012
2. Auflage 2014
3. Auflage 2020

Herstellung & Verlag: BoD – Books on Demand, Norderstedt
Printed in Germany
ISBN: 9-783752-672428

Dr. Sandra Cramm

Ökologische Haushaltsreiniger selbst gemacht

über 70 einfache Rezepte und Tipps

INHALTSVERZEICHNIS

Gleich zu Beginn muss der Titel des Buches leider relativiert werden: Putzen ohne Chemie – das geht nicht.

Der Anwendung von Putzmitteln liegt immer eine chemische Reaktion zu Grunde, durch den der Schmutz entfernt wird. Wäre dies nicht der Fall, könnte man auch „rein mechanisch" putzen, das hieße mit einer Bürste einfach ordentlich schrubben, fertig. Ein schönes Beispiel für eine chemische Reaktion ist die Lösung von Kalkrückständen durch Essig, bei der das schwerlösliche Calciumcarbonat (Kalk) zu in Wasser löslichem Calciumacetat und Kohlensäure reagiert. Wer schon einmal einen stark verkalkten Eierkocher mit Essigessenz befüllt hat, konnte die Bläschenbildung der aufsteigenden Kohlensäure beobachten.

Trotzdem ist es sinnvoll, sich nicht auf die Chemie aus dem Supermarkt zu verlassen, sondern mit einfachen Mitteln selbst einen Reiniger herzustellen. In der amerikanischen Zeitschrift *better nutrition* war in der Septemberausgabe im Jahr 2000 zu lesen, dass ca. 15% der Bevölkerung an einer vielfachen Chemikalienunverträglichkeit (MCS – multiple chemical sensitivity) leiden. Diverse Krebsarten, Geburtsfehler und auch psychische Erkrankungen seien demnach 150 verschiedenen chemischen Stoffen zuzuordnen, die in üblichen Haushaltsreinigern verwendet werden.

Laut eines Berichtes in der ARD wurden in Deutschland im Jahr 2009 etwa 665 Vergiftungen durch Haushaltsreiniger gemeldet. Bestimmte Inhaltsstoffe wie Phosphonate, optische Aufheller, Polycarboxylate, Koservierungsmittel, Silicone, Paraffine, Duftstoffe und Farbstoffe sind häufig nicht vollständig biologisch abbaubar, sodass sie sich in der Umwelt anreichern können. Darüber hinaus tragen zum Beispiel Phosphor- oder Stickstoffverbindungen zu einer Überdüngung der Gewässer bei *(Morgenmagazin, 26.10.2011)*.

Das in Desinfektionsmitteln häufig verwendete Triclosan ist schon länger im Verruf, Resistenzen bei Bakterien zu verursachen. Laut einem Bericht auf *Welt-Online* vom 02.04.2009 sind aber auch die in vielen Reinigern verwendeten sogenannten quartären Ammoniumverbindungen (QAV oder *Quats*) in der Lage, einen „Gewöhnungseffekt" bei Bakterien auszulösen. Zu diesen Verbindungen gehören die meisten der verbreiteten kationischen Tenside.

Laut Öko-Test ist der Begriff *Bio* für Reiniger anders als bei Lebensmitteln nicht gesetzlich geschützt. Jeder Hersteller kann seine Produkte mit „Bio", „Eco", „Natur" oder ähnlichen Begriffen beschriften, ohne hierfür allgemeingültige Kriterien erfüllen zu müssen. So weiß der Verbraucher nicht sicher, was er eigentlich kauft und wie viel Natur tatsächlich enthalten ist.

Hier ein kleiner Überblick über Zutaten und Gerätschaften, die als Grundausstattung benötigt werden. Natürlich kommt es individuell darauf an, für welches Rezept man sich entschieden hat. Die kleine Auflistung zeigt jedoch, dass nur wenige recht günstige Produkte benötigt werden.

Behälter und Gefäße

- Entleerte Shampoo- oder Duschgelflaschen
- Entleerte Pumpsprayflaschen oder Pflanzensprühflaschen
- Luftdicht schließende Dosen bzw. Schalen mit Deckel

Drogerie

- Waschsoda
- Kernseife
- Zellulosetücher oder Einwegwaschlappen
- Spiritus

Supermarkt

- Essig (Weißweinessig oder Kräuteressig)
- Destilliertes Wasser
- Siedesalz (kein Meersalz, keine Zusätze wie Jod etc.)

- Spirituosen wie Wodka oder Doppelkorn (37-40 vol%)

- Frische Kräuter wie Rosmarin und Lavendel

- Kleintierstreu / Katzenstreu

Internet

- Zitronensäure (kristallin)

- Natron

- Weinsäure (kristallin)

- Flüssigseife (Liquid Castile Soap) oder Schmierseife

- Ätherische Öle

- Bienenwachs und Carnaubawachs

Wenn Sie alte Shampooflaschen oder gar ehemalige Behältnisse für Lebensmittel wie Glasflaschen oder Einmachgläser verwenden, achten Sie unbedingt auf eine ausreichende Beschriftung! Es sollte auf keinen Fall zu Verwechslungen kommen, kein Mitglied ihrer Familie möchte plötzlich Seifenlauge im Mund, Geschirrspülpulver auf dem Frühstücksei oder Backofenspray in den Haaren haben!

Zitronensäure und Natron gibt es auch in Supermärkten, jedoch oft nur in kleinen Abgabemengen zu hohen Preisen. Hier lohnt es sich, im Internet zu schauen. Frische Kräuter erhält man ebenso im Gartencenter oder im Baumarkt.

Die Rezepte verwenden Spirituosen, da diese relativ günstig und einfach im Supermarkt zu kaufen sind. Sie können stattdessen auch Weingeist oder Isopropylalkohol verwenden, dann muss die Menge im Rezept jedoch halbiert werden.

Möchten Sie die Seifen an Hand der Rezepte am Ende dieses Buches selber sieden, brauchen Sie weitere Zutaten und diverses Zubehör. Wenn Sie kein erfahrener Seifensieder sind, sollten Sie zunächst die entsprechende Fachliteratur über die Seifenherstellung lesen und ein paar einfache Seifen probesieden.

Um richtig zu putzen ist es nötig, sich ein paar chemische Grundkenntnisse zuzulegen. Ein einziges Mittel für jede Art von Schmutz kann es nicht geben, denn Schmutz ist nicht gleich Schmutz.

pH-Wert

Der pH-Wert ist oft ausschlaggebend für eine Reinigungswirkung. Abgeleitet vom lateinischen *potentia hydrogenii* bestimmt der pH-Wert den Anteil an Sauerstoffionen in der Lösung. Umso weiter der pH-Wert vom neutralen pH 7 abweicht, umso reaktionsfreudiger ist die Lösung. Säuren enthalten positiv geladene Wasserstoffteilchen, die es dahin zieht, wo sie negativ geladene Teilchen finden. Basen (Laugen) enthalten vor allem negativ geladene Teilchen, die von positiv geladenen Teilchen angezogen werden. Da es sich um eine logarithmische Skalierung handelt, ist Mineralwasser beispielweise 10-mal saurer als destilliertes Wasser, Kaffee ist jedoch bereits 100-mal saurer. Dies lässt sich bis zum Magensaft verfolgen, der bereits eine Million Mal saurer ist als das neutrale destillierte Wasser.

Um richtig zu putzen muss man zunächst wissen, welche Art Schmutz man entfernen will. Ein niedriger pH-Wert wie beispielsweise beim Essig eignet sich bei Kalkablagerungen, Teerändern, als Wasserenthärter und gegen Schimmel. Ein eher hoher pH-Wert wie bei Seife oder Waschsoda entfernt Fettschmutz und ist somit geeignet für Herd, Backofen, als milde Bleiche zur Fleckenvorbehandlung der Wäsche, bei Rändern in der Badewanne, für Küchenfußböden oder bei angebrannten Essensresten in Töpfen und Pfannen.

Typische pH-Werte (Mittelwerte)

Magensaft	pH 1	*stark sauer*
Milchsäure (80%)	pH 1,8	
Zitronensaft	pH 2	
Essig	pH 3	
Cola	pH 3	
Wein	pH 4	
Kaffee	pH 5	
Hautoberfläche	pH 5,5	
Mineralwasser	pH 6	
Regenwasser	pH 6,5	*schwach sauer*
destilliertes Wasser	pH 7	neutral
Blut	pH 7,4	*leicht alkalisch*
Meerwasser	pH 8	
Natronlösung (5%)	pH 8,5	
Seife	pH 9,8	
Waschsodalauge (5%)	pH 11,5	
Natronlauge (NaOH)	pH 14	*stark alkalisch*

Tragen Sie immer Handschuhe, wenn Sie putzen. Sowohl sehr hohe, als auch sehr niedrige pH-Werte können Verätzungen der Haut hervorrufen. Säuren verursachen eher oberflächliche Verätzungen während beispielsweise Natronlauge eine Verflüssigung der Haut und eine Verätzung in die Tiefe verursachen kann. Neutralisieren Sie in diesem Fall schnell mit dem entgegengesetzten pH-Wert. Wenn Säure auf der Haut brennt, diese mit Waschsodalauge abspülen. Natronlauge sofort mit Essig neutralisieren, anschließend mit Wasser spülen.

Interessanterweise findet man im Internet sehr häufig Rezepte für hausgemachte und ökologische Reiniger, bei denen Essig mit flüssiger Seife vermischt werden soll. Entweder, es wird hier keine „echte" Seife verwendet, sondern ein anderes Tensid, oder es handelt sich um eine sogenannte *urban legend*, also ein Rezept das immer weitergetragen aber niemals wirklich ausprobiert wurde. Es ist Fakt, dass diese beiden Zutaten mit sehr unterschiedlichem pH-Wert nicht zu einem waschaktiven Reinigungsmittel vermischt werden können. Wenn Sie neugierig sind was passiert, starten Sie doch einmal den Selbstversuch. Beim Zusammenführen von Seife und Essig entsteht zum einen Kaliumacetat und zum anderen fallen die Fettsäuren aus der Lösung aus. Ergebnis ist eine trübe Brühe mit weißen fettigen Klumpen. Zum Reinigen möchte man das sicher nicht verwenden...

Da Seife in seiner Waschwirkung also sehr pH-Wert-abhängig ist, möchte ich der Vollständigkeit halber auch Rezepte mit einem Zuckertensid vorstellen, das in der Biokosmetik gebräuchlich ist. Kokosglukosid (Coco Glucosid) ist ein anionisches Tensid, wird aus Kokosöl und Fruchtzucker hergestellt und ist gut hautverträglich sowie biologisch abbaubar. Da es recht teuer ist, ist es aber im Grunde nicht das Mittel erster Wahl, wenn es um die Haushaltsreinigung geht. Echte Seife ist aber beispielsweise für einen Essigreiniger aus genannten Gründen weniger geeignet.

Essig und Essigessenz

Essig wird üblicherweise durch Fermentation alkoholhaltiger Flüssigkeiten mit Hilfe von Bakterien hergestellt. Weinessig, Frucht- oder Obstessig enthalten dadurch in der Regel 5% reine Essigsäure. Essigessenz wird hingegen künstlich hergestellt, wobei meist 25% reine Essigsäure enthalten sind. Essigessenz ist zum Zubereiten von Speisen nur in verdünnter Form geeignet und auch für den Hausputz sollte er nur zur Anwendung kommen, wenn sehr starke Verkalkungen entfernt werden sollen. Essigessenz kann die Atemwege und Schleimhäute reizen und es sollte für gute Belüftung gesorgt werden. In den meisten Fällen reicht ein einfacher Weißwein- oder Kräuteressig aus.

Der kleine Unterschied: Seifen und Tenside

Jeder kennt sie: Flüssigseifen und Handseifen, die gar keine Seife enthalten und sogar den Aufdruck „seifenfrei" haben können. Was hat es aber damit auf sich? Seife hat heute einen eher schlechten Ruf, da sie einen recht hohen pH-Wert aufweist und somit unter Verdacht steht, den Säureschutzmantel der Haut anzugreifen. Die Waschwirkung der Seife ist pH-Wert-abhängig, dieser kann also nicht gesenkt werden. Andere waschaktive Substanzen (*Detergenzien*) sind hingegen pH-Wert-unabhängig, sodass ein neutraler bis saurer pH-Wert eingestellt werden kann, dem positivere Eigenschaften für die Haut zugeschrieben werden.

Tenside setzen grundsätzlich die Oberflächenspannung herab und wirken so als Lösungsvermittler zwischen Waschlösung und Schmutz. Seifen sind zwar immer auch Tenside, aber Tenside sind nicht immer Seifen. Neben „echter" Seife werden auch andere Waschaktive Substanzen bzw. Detergenzien als Tenside bezeichnet, zum Beispiel die häufig verwendeten quartären Ammoniumverbindungen, die zu den kationischen Tensiden zählen. Kationische Tenside wirken teilweise biozid und können Resistenzen bei Krankheitserregern hervorrufen, außerdem sind sie häufig biologisch schlecht abbaubar und können allergen wirken.

Seife hingegen zählt zu den anionischen Tensiden, ein Seifenmolekül besteht aus einem wasserabweisenden und einem wasseranziehenden Teil. Seife bildet in Wasser sogenannte *Mizellen,* die dafür sorgen, dass sich aus Wasser und Öltröpfchen eine Emulsion bilden kann, die schließlich durch Abspülen fortgewaschen wird. In sehr hartem Wasser können die polaren Enden der Mizelle von Calcium- und Magnesiumionen blockiert werden, sodass sich unlösliche Kalkseifen bilden. In ökologischer Hinsicht ist der Hang zur Kalkseifenbildung positiv zu bewerten: Kalkseifen und Fettsäuren sind unlöslich und nicht oberflächenaktiv, sodass Mikroorganismen sie leicht zersetzen können. Sie sind ohne nachteilige Wirkung für die Gewässer und nach 24 Stunden ist Seife in der Regel bereits zu 80% abgebaut.

Ätherische Öle

Die Natur hält eine Reihe starker Wirkstoffe für uns bereit. Die wirkungsvollsten natürlichen ätherischen Öle für die Reinigungsanwendung sind Thymianöl, Oreganoöl, Eukalyptusöl, Lavendelöl, Zitronenöl, Sandelholzöl und Teebaumöl. Kaufen Sie nur natürliche ätherische Öle, keine naturidentischen Öle, Duftöle oder Parfumöle, diese besitzen keine der gewünschten Wirkungen, sie können lediglich gut riechen.

Antibakterielle Kräuter

Thymian, Oregano, Nelke, Bohnenkraut, Zimt, Kampfer, Kardamom, Kamille, Citronella, Zypresse, Eukalyptus, Ingwer, Ysop, Wacholder, Lavendel, Zitrone, Lemongrass, Verbene, Limette, Majoran, Orange, Pinie, Rosmarin, Salbei, Sandelholz, Pfefferminze, Teebaum.

Fungizide Kräuter

Thymian, Oregano, Bohnenkraut, Lavendel, Teebaum, Eukalyptus, Ysop, Wacholder, Zitrone, Myrte, Salbei, Sandelholz.

Antivirale Kräuter

Eukalyptus, Teebaum, Zitrone, Melisse, Ysop, Zypresse, Zimt, Nelke, Lavendel, Oregano, Patschuli, Sandelholz, Thymian.

Wirkstoffe ätherischer Öle

Ätherische Öle bestehen aus hunderten von Inhaltstoffen, die erst im Zusammenspiel ihre volle Wirkung entfalten. Aus diesem Grund sind sie auch so wertvoll, da sie künstlich nur schwer zu imitieren sind. Nicht immer ist eine scharfe Abgrenzung und Einordnung der Wirkstoffe möglich und auf Grund der hohen Anzahl der Inhaltsstoffe sollen hier nur einige kurz angesprochen werden.

Die Mischungen der Inhaltsstoffe in ätherischen Ölen sind so komplex, dass es bisher nicht gelungen ist, sie im Labor mit gleicher Wirksamkeit künstlich herzustellen. Enthalten sind unter anderem antiseptisch und entzündungshemmend wirkende **Terpene** (Lavendelöl, Korianderöl, Citronellaöl, Eukalyptusöl, Pfefferminzöl und Thymianöl), antiseptisch wirkende **Phenole** (Nelkenöl, Zimtöl, Thymianöl), **Ketone** (Rosmarinöl, Pfefferminzöl, Kümmelöl), **Aldehyde** (Lemongrasöl, Zitronenöl) sowie **Alkohole**, **Ester** und **Cineole**.

Ein Wort zu Grapefruitkernextrakt (citrus seed oil)

In den letzten Jahren war der Grapefruitkernextrakt (GKE) zunehmend in aller Munde. Dieser soll gegen Bakterien, Viren und Pilze helfen und wird zu Heilzwecken auch innerlich gegen allerlei Beschwerden eingesetzt. Einige Verwender schwörten auch auf seinen Einsatz in Putz- und Reinigungsmitteln.

Schließlich warnte das *Bundesinstitut für Verbraucherschutz (BvGG)* aber im Jahr 1998 vor dem Einsatz von GKE: Die Produkte können mit Benzethoniumchlorid verunreinigt sein und Hautreizungen sowie andere Beschwerden verursachen. In der Ausgabe 06/1999 veröffentlichte die *Pharmazeutische Zeitung* einen Artikel zum Thema. Die antimikrobielle Wirkung der 5 getesteten GKEs sei nach den Erkenntnissen der Autoren vermutlich allein auf das enthaltene

Konservierungsmittel Benzethoniumchlorid zurückzuführen, das ebenso wie Triclosan als Desinfektionsmittel eingesetzt wird. Eine einzige Probe, die mit diesem Mittel nicht belastet war, zeigte auch keinerlei Wirkung gegen Bakterien. Es wurde außerdem die Frage in den Raum gestellt, ob eine ähnliche Wirkung nicht ebenso mit einem anderen (oft meist deutlich billigeren) Zitrusöl erreicht werden kann.

Somit muss jeder selbst für sich entscheiden, ob er dieses Produkt für seine Reinigungsmittel verwenden möchte, oder nicht. In den Rezepten dieses Buches werden lediglich normale Zitrusöle verwendet.

Artikel: Die wundersame Natur des Grapefruitkernextraktes von Thomas von Woedtke, Barbara Schlüter, Peter Pflegel, Ulrike Lindequist – abrufbar auf http://www.pharmazeutische-zeitung.de/

BADEZIMMER

BADEZIMMER

Reinigung

Badreiniger

- 200ml Weißweinessig
- 150ml Waschnusssud
- 20 Tropfen Zitronenöl
  (oder ein anderes Zitrusöl)
- 10 Tropfen Bergamotteöl
- 10 Tropfen Lavendelöl

Eine Handvoll Waschnüsse mit 250ml destilliertem Wasser übergießen und 5-10 Minuten köcheln lassen. Die Flüssigkeitsmenge wird durch das Kochen reduziert, nach verstrichener Zeit ergibt dies etwa die benötigte Menge. Nüsse abseihen bzw. Flüssigkeit filtern und mit dem Essig zusammen in eine Sprühflasche geben. Mit diesem Reiniger können Sie sowohl Kalk auf Armaturen und Fliesen als auch Urinstein in der Toilette entfernen. Bei hartnäckigen Fällen kann statt Weißweinessig auch Essigessenz verwendet werden. Der Waschnusssud kann mit der Zeit schlecht werden, im Zweifel stellen Sie lieber eine geringere Menge her oder verwenden das Rezept #2 mit Kokostensid.

Badreiniger #2

- 200ml Weißweinessig
- 20ml Kokostensid
- 100ml Wasser
- 30 Tropfen Zitronellaöl
- 20 Tropfen Lavendelöl

Das Wasser aufkochen und mit dem Tensid verrühren, alles zusammen mit Essig und ätherischen Ölen in eine Sprühflasche geben. Die Mischung sollte bei der Herstellung und vor jeder Anwendung noch einmal gründlich geschüttelt werden.

Mildes Desinfektionsspray

- 250ml Doppelkorn oder Wodka
- 20 Tropfen Orangenschalenöl
- 20 Tropfen Teebaumöl
- 150ml Weißweinessig
- 50ml Rosenwasser

Zutaten vermischen und in eine Sprühflasche füllen. Auf die Oberfläche sprühen und ca. 2-5 Minuten einwirken lassen, dann abwischen. Achtung bei empfindlichen Oberflächen aus Kunststoff, hier muss unter Umständen die Einwirkzeit verringert werden.

Schimmel

Schimmelvorbeugung

- 100ml destilliertes Wasser
- 100ml Doppelkorn
- 10ml Thymianöl
- 20ml Teebaumöl

In eine Sprühflasche füllen und vorbeugend auf gefährdete Stellen wie Fugen und Ritzen aufsprühen, danach nicht abspülen. Vorsicht bei empfindlichen Oberflächen wie Gummidichtungen und Kunststoffteilen, diese könnten matt werden.

Anti-Schimmel-Spray

- 300ml Weißweinessig
- 5ml Thymianöl
- 5ml Patschuliöl
- 10ml Teebaumöl

Mit Hilfe einer Sprühflasche auf betroffene Stellen auftragen. Wenn möglich den Schimmel durch wischen entfernen, aber die Lösung nicht mit Wasser abspülen

Waschbecken und Wanne

Spiegelreiniger

- 200ml destilliertes Wasser
- 50ml Weißweinessig
- 50ml Spiritus
- 10 Tropfen ätherisches Öl nach Wahl

Den Spiegel einsprühen, abwischen, fertig!

Becken- und Wannenreinigerpulver

- 50g Waschsoda
- 50g Natron
- 10g Siedesalz

Zutaten verrühren und das Pulver mit einem feuchten Schwamm auf Seifenreste und Ränder in der Badewanne auftragen. Das Pulver löst vor allem Fettschmutz und Seifenreste.

Abflussreiniger

- 50g Waschsoda
- 500ml Wasser

Das Wasser zum Kochen bringen, die Waschsoda in den Abfluss streuen, mit dem heißen Wasser nachspülen bis sich die Soda komplett gelöst hat. Kurz einwirken lassen und dann mit Wasser aus dem Hahn nachspülen.

Toilette

Toilettenreinigerspray

- 100ml Kräuteressig
- 20ml Kokostensid
- 100ml Wasser
- 5ml Teebaumöl

Wasser aufkochen und mit dem Tensid vermischen, alle Zutaten in eine Sprühflasche füllen. Mit diesem Spray gelingt eine hygienische Reinigung der gesamten Toilette.

Urinsteinlöser-Scheuerpulver

- 30g Zitronensäure
- 20g Weinsäure
- 50g Siedesalz

Zutaten verrühren, Pulver in die Toilette streuen und mit der Bürste einreiben. Im Fall der Fälle noch einmal mit leicht bleichender Waschsoda nachscheuern.

Duft

Raumduftspray „Rose"

- 100ml Rosenwasser
- 10 Tropfen Bergamotteöl
- 10 Tropfen Blutorangenöl

Raumduftspray „Lavendel"

- 100ml Lavendelwasser
- 5 Tropfen Rosmarinöl
- 5 Tropfen Lemongrasöl

Diese beiden Raumduftsprays können bei Bedarf in die Luft gesprüht werden. Sie können sie aber auch auf Teppiche oder in den Wäschekorb sprühen (Achtung: nicht direkt auf empfindliche Textilien aufbringen!).

Blütenpotpourri

- 100g getrocknete Blüten
- 30 Tropfen ätherisches Öl

Geeignet sind besonders Rosenblätter, Orangeblütenblätter oder Hibiskusblütenblätter. Man kann aber auch selbstgepflückte Blüten aus dem Garten trocknen, zum Beispiel Gänseblümchen, Kornblumen oder Geranien.

Potpourri „Alpenwiese"

- 4 Lavendelzweige

- 4 Rosmarinzweige

- 4 Estragonzweige

Frische Kräuter im Topf kann man in vielen Gärtnereien, aber auch Supermärkten und sogar Baumärkten kaufen. Die frischen Zweige zusammenbinden oder in ein Körbchen legen und über die Heizung hängen oder stellen. Beim Trocknen verströmen sie ihren aromatischen Duft.

KÜCHE

Spülmittel

Das beste Spülmittel für Geschirr ist einfache flüssige Seife, die aus reinen Pflanzenölen hergestellt und biologisch abbaubar ist. Diese lässt sich je nach Wunsch weiter aufpeppen.

Fruchtiges Duftspülmittel

- 200ml flüssige Seife
- 10 Tropfen Blutorangenöl
- 5 Tropfen Bergamotteöl
- 5 Tropfen Zitronenöl oder Lemongrasöl
- 10 Tropfen Lavendelöl

Alle Zutaten vermischen. Anstatt Seife kann hier wie im nächsten Rezept auch eine Tensid/Wasser-Mischung verwendet werden.

Frisches Kräuterspülmittel

- 120ml Kokostensid
- 80ml destilliertes Wasser
- 5 Tropfen Eukalyptusöl
- 5 Tropfen Pfefferminzöl
- 10 Tropfen Rosmarinöl
- 10 Tropfen Lavendelöl

Das Wasser aufkochen und dann mit Tensid und ätherischen Ölen vermischen. Natürlich kann auch hier anstelle der Tensid/Wasser-Mischung einfach flüssige Seife verwendet werden.

Fettlöser-Spülmittel

- 150ml flüssige Seife
- 50ml Wasser
- 2 Esslöffel Waschsoda
- 10 Tropfen Zitronenöl
- 20 Tropfen Orangenschalenöl

Die Waschsoda im Wasser lösen, mit der Seife und den Ölen vermischen. Alternativ können Sie auch ein bereits nach einem anderen Rezept erstelltes Spülmittel zum intensiven Fettlöser machen, indem Sie etwas Waschsoda direkt zum Geschirr ins Spülbecken geben.

Angebrannte Töpfe

- 20g Waschsoda
- 20g Zitronensäure
- etwas warmes Wasser

Bedecken Sie den Boden des Topfes fingerbreit mit Wasser. Vermischen Sie Soda und Zitronensäure und streuen Sie das Pulver in den Topf, bis der Boden bedeckt ist.

Es wird zunächst schäumen, danach lassen Sie alles noch etwa 10 Minuten stehen. Bei Bedarf kann auch noch mit Salzscheuermilch etwas nachgeholfen werden.

Obst- und Gemüsereiniger

- 10 Tropfen Blutorangenöl
- 50ml Weißweinessig
- 2 Liter Wasser

Obst und Gemüse sollte gründlich gewaschen werden, da es mit Keimen und Pestiziden belastet sein kann. In diese Waschlösung können Sie beispielsweise Weintrauben, Salate oder Sprossen für einige Minuten einweichen und nachher unter fließendem Wasser abspülen.

Ein Rezept für ein Spülmittel für Äpfel, Birnen, Gurken oder Tomaten:

Obst- und Gemüsereiniger #2

- 10 Tropfen Zitronenöl
- 50ml flüssige Seife

Zusammenrühren und in einem kleinen Fläschchen an der Spüle immer griffbereit haben.

Eine weitere Lösung, die auch aufgesprüht werden kann:

Obst- und Gemüsereiniger #3

- 10ml Kokostensid

- 150ml Wasser

- 5g Zitronensäure

Die Zitronensäure einfach im Wasser lösen und das Kokostensid hinzugeben, alles gründlich schütteln. Nach Verwendung das Obst und Gemüse gründlich abspülen.

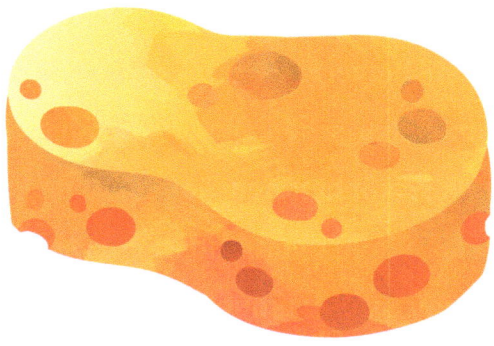

Geschirrspüler

Geschirrreiniger für den Geschirrspüler sind häufig sehr teuer, Tabs lösen sich oft nicht gut auf und es bleiben Rückstände am Geschirr. Dieses Pulver macht dem ein Ende und sorgt dafür, dass Essensreste nach dem Spülvorgang der Vergangenheit angehören.

Geschirrspülpulver

- 100g Zitronensäure
- 100g Natron
- 150g Waschsoda
- 50g Siedesalz
- 5-10 Tropfen ätherisches Öl nach Wahl (optional)

Die trockenen Pulver gründlich vermischen und zum Schluss tropfenweise das ätherische Öl zugeben. Das Geschirrspülpulver in einer luftdichten Dose aufbewahren, für eine Waschladung 2-3 Esslöffel (bzw. bis zur Markierung im Pulverfach des Gerätes) in den Geschirrspüler einfüllen. Achtung mit ätherischen Ölen: Besonders Kunststoffteile wie z.B. Mikrowellengeschirr können den Duft langanhaltend annehmen, in diesem Fall besser auf jede Art von Duft verzichten. Das Pulver ist sehr anfällig für Feuchtigkeit und klumpt leicht. Besorgen Sie sich kleine Silicagel-Tütchen, die Sie zur Entfeuchtung mit ins Gefäß legen können.

Klarspüler

- 300ml Weißweinessig oder Kräuteressig
- 200ml Doppelkorn oder Wodka

Den Klarspüler in einer Flasche aufbewahren und nach Bedarf im entsprechenden Behältnis des Geschirrspülers nachfüllen.

Scheuermilch

Das Scheuerpulver ist für Tische oder Arbeitsplatten gut geeignet. Bei der Salzscheuermilch geht es etwas härter zur Sache, sie eignet sich für Spülbecken, Fußböden oder den Herd.

Kräuterscheuerpulver

- 50g im Mörser zerstoßener Pfeffer
- 10g gemahlener Rosmarin
- 40g Natron

Zu einem Pulver verrühren und aufstreuen, mit einem Lappen oder Schwamm einreiben und gründlich abspülen.

Salzscheuermilch mit Rosenduft

- 100g Siedesalz
- 50g Waschsoda
- Rosenwasser

Salz und Soda vermischen, das Rosenwasser Teelöffelweise zugeben, bis die Paste die gewünschte Konsistenz hat.

Scheuerpulver bei harten Fällen

- eine Handvoll Sand

- 50ml flüssige Seife

- 10 Tropfen Zitronenöl

Dieses Scheuerpulver ist für sehr hartnäckige Fälle gedacht und kann beispielsweise auch Rost und Moos entfernen. Bedenken Sie aber, dass auch die Oberfläche des Materials angegriffen wird, da die Quarzkörner im Sand sehr hart sind und Kratzspuren hinterlassen. Mischen Sie alle Zutaten, tragen Sie die Paste auf und reiben Sie mit der harten Seite eines Topfschwamms darüber.

Öl-Joghurt-Scheuermilch

- 100g gemahlene Mandeln oder Haselnüsse

- 50ml Buttermilch
  (oder Milch bzw. Joghurt)

- 20g Waschsoda

Zu einer Paste verrühren und auf der Oberfläche verreiben. Nachher gründlich mit klarem Wasser abwischen.

Backofen und Herd

Ofenreiniger mit Fettlösekraft

- 100g Waschsoda
- 50g flüssige Seife
- 150ml Wasser

Backofen 5 Minuten auf ca. 50 °C vorheizen und dann ausschalten. Lösung in eine Sprühflasche füllen und auf die Innenwände des Backofens aufsprühen, ca. 10 Minuten einwirken lassen, anschließend alles gründlich auswischen und mit klarem Wasser abspülen.

Herdreiniger

- 50ml Wasser
- 20g Natron
- 100ml Flüssigseife
- 10 Tropfen ätherisches Öl

Natron im Wasser auflösen, mit der Seife und dem ätherischen Öl vermischen. Wenn der Herd kurz angeschaltet wird und somit warm (nicht heiß!) ist gelingt die Reinigung leichter. Bei stark eingebrannten Verkrustungen empfiehlt sich das Scheuerpulver bzw. eine Scheuermilch .

Mikrowellenreiniger

- 200ml Wasser

- 50ml Kräuteressig

- Schale einer ausgepressten Zitrone (oder 3-4 Zitronenscheiben)

Alles in eine geeignete Schüssel geben und in die Mikrowelle stellen, die Mikrowelle 5-10 Minuten auf höchster Stufe laufen lassen, anschließend noch 5 Minuten warten. Danach ist der Schmutz durch den Wasserdampf gelöst und kann mit einem Schwamm abgewischt werden.

Geräte

Entkalker für die Kaffeemaschine

- 50g Weinsäure

- 500ml Wasser

Die Weinsäure im leicht erwärmten Wasser lösen. Einfach in die Maschine einfüllen und anschalten, 2 komplette Durchläufe machen. Danach mit Leitungswasser ein bis zwei letzte Spüldurchläufe machen. Zitronensäure ist für die Entkalkung übrigens weniger gut geeignet, da unlösliches Calciumcitrat gebildet wird, welches unter Umständen die Maschine verstopfen kann.

Pflege für Kochlöffel und Holzschneidebretter

- 100ml Flüssigseife
- 10ml Rizinusöl
- 10ml Glycerin

Holzgeräte mit der Mischung abschäumen und dann abspülen. Wird die Mischung aufbewahrt, muss sie vor jeder weiteren Verwendung kurz geschüttelt werden, da sich das Öl oben absetzt. Hier wird im Grunde eine überfette Seife nachgeahmt, erfahrene Seifensieder können diese nach dem Rezept im Anhang selbst herstellen.

Kühlschrank

Kühlschrankreiniger

- 50ml Wasser
- 50ml Weißweinessig
- 50ml Wodka oder Doppelkorn
- 10 Tropfen Lavendelöl
- 10 Tropfen Zitronenöl

Das Wasser sollte heiß sein, wenn es mit den anderen Zutaten vermischt wird.

Mit dieser Mischung den Kühlschrank ausspülen, auch den Kondenswasserablauf und die Ränder der Gummidichtungen nicht vergessen. Anschließend mit klarem Wasser gründlich nachspülen. Glasböden und andere herausnehmbare Teile einfach in der Spüle mit Seifenspülmittel und heißem Wasser reinigen.

Gefrierschrankreiniger

- 400ml Wasser
- 2 Esslöffel Siedesalz
- 100ml Kräuteressig
- 10 Tropfen Pfefferminzöl

Das Wasser zum Kochen bringen und in eine Schüssel geben, die in den Gefrierschrank passt, dazu alle weiteren Zutaten geben. Die Schüssel in das entleerte Gefrierfach stellen, sodass es durch den aufsteigenden Wasserdampf abtauen kann. Legen Sie Geschirrtücher auf den Boden vor dem Gefrierfach, da Wasser herauslaufen kann. Mit der Mischung aus der Schüssel kann dann auch das Gefrierfach mit Hilfe eines Schwamms gereinigt werden.

Tiere und Insekten

Ameisen

Gegen Ameisen helfen vor allem zwei Dinge: Natron und starke Gerüche. Wenn Sie Natron mit Zucker gemischt verstreuen, wird dieses von den Ameisen gefressen oder Sie verfüttern es an ihre Brut, wodurch sie eingehen.

Eine andere Methode ist, die Ameisen durch starke Gewürze und Kräuter zu verwirren und dadurch zu vertreiben. Legen Sie vor einen Ameisenbau oder in eine Ameisenstraße eine Zitronenscheibe, eine Zimtstange oder einige Lavendelsträucher.

Silberfische

Silberfische mögen gerne Kohlenhydrate und Zucker, weshalb man sie leicht in eine Falle locken kann. Ein Loch in eine kleine Kartoffel schneiden oder bohren, etwas Zucker hinein streuen und über Nacht mit einem Tuch bedeckt vor die Silberfisch-Behausung stellen. Am nächsten Tag die Kartoffel mit den Silberfischen entsorgen.

Außerdem kann man eine Lösung aus Lavendelöl und Wasser herstellen und mit einer Sprühflasche auf die Ritzen und Löcher der Silberfische sprühen. Den Duft von Lavendel mögen die Tiere in der Regel nicht.

WOHNBEREICH

....

Bodenreiniger

Das beste Mittel für den Boden ist und bleibt Seife. Sie pflegt Holzfußböden durch enthaltenes Glyzerin oder leichten Fettüberschuss und schont Marmorböden und andere Steinböden durch ihren hohen pH-Wert.

Frischer Bodenreiniger

- 500ml Wasser
- 10ml Flüssige Seife
- 20 Tropfen Zitrusöl

Nehmen Sie das Wasser heiß aus dem Hahn, geben Sie Seife und ätherisches Öl dazu und fertig ist Ihr Wischwasser für alle Böden im Haus. Anstelle der Seife kann auch Kokostensid verwendet werden.

Bodenreiniger bei hartnäckigem Schmutz

- 500ml Wasser
- 20ml flüssige Seife
- 4 Esslöffel Waschsoda
- 30 Tropfen Zitrusöl

Die Waschsoda wirkt einmal mehr als Reinigungskraftverstärker. Eventuell entstehen Schlieren nach dem Wischen, dann sollten Sie noch einmal mit recht heißem klaren Wasser nachwischen.

Pflegereiniger für dunkle Holzdielen

- 5 Teelöffel schwarzer Tee
- 500ml Wasser
- 15 ml flüssige Seife
- 30 Tropfen Zedernholzöl

Bringen Sie das Wasser zum Kochen und machen Sie mit dem schwarzen Tee einen Aufguss, den Sie 5 Minuten ziehen lassen. Danach geben Sie Seife und Zedernholzöl hinzu und reinigen damit ihren Holzboden.

Feuchte Bodenreinigungstücher

- 100ml Wasser
- 30ml Spiritus
- 3ml flüssige Seife
- 10 Tropfen Teebaumöl
- 10 Zellulosetücher

Legen bzw. falten Sie die Tücher so, dass sie in eine luftdicht verschließbare Box passen. Legen Sie die Tücher dort hinein, rühren Sie alle weiteren Zutaten in einem anderen Gefäß zusammen und gießen Sie die Mischung über die Tücher. Wenn diese vollgesogen sind, den Rest abgießen.

Im Handel gibt es passende Wischersysteme für entsprechende Bodenwischtücher. Wenn Sie sich an deren Größe orientieren (in der Regel etwa 21x27cm), können Sie die selbst hergestellten Tücher an diesen Stielwischern verwenden.

Teppiche

Teppichshampoo

- 100ml Wasser
- 50ml flüssige Seife
- 3 Teelöffel Hausnatron
- 10 Tropfen Rosmarinöl
- 10 Tropfen Zitronenöl

Seife eignet sich gut als Teppichshampoo, da sie leicht rückfettet und die Fasern nicht zu sehr austrocknet. So wird erneutem Verschmutzen ein Riegel vorgeschoben. Wenn Sie einen Wollteppich haben, bietet es sich an, Lavendel- und Zedernholzöl als vorbeugende Maßnahme gegen Motten zu verwenden. Mischen Sie alle Zutaten zusammen und schäumen Sie damit den Teppich ab, evtl. anschließend noch einmal mit klarem Wasser spülen. Den trockenen Teppich gründlich absaugen.

Teppichreiniger Pulver

- 1 Teelöffel Waschsoda
- 1 Teelöffel Zitronensäure
- Heißes Wasser

Dieses Pulver eignet sich besonders für einzelne Flecken auf hellen Teppichen. Soda und Zitronensäure gründlich vermischen, Pulver auf den Fleck geben und leicht einarbeiten. Das heiße Wasser darüber kippen und während es schäumt weiter leicht einarbeiten. Anschließend mit einem Schwamm die Waschlösung aufnehmen. Verwenden Sie immer Soda und Zitronensäure zu gleichen Teilen, die Menge richtet sich nach der Fläche, die Sie behandeln möchten.

Fenster

Fensterreiniger für außen

- 20ml Flüssigseife
- 1 Esslöffel Waschsoda
- 1 Liter Wasser

Seife und Soda in heißem Wasser lösen, mit einem Schwamm die Scheibe einweichen, eventuell kurz einwirken lassen, schließlich mit einer Gummilitze abziehen. Diese Mischung löst besonders gut Fliegendreck und anderen organischen Schmutz und eignet sich deshalb auch besonders für Autoscheiben.

Fensterreinigerspray

- 100ml Spiritus
- 100ml destilliertes Wasser
- 10ml flüssige Seife
- 20 Tropfen Zitronenöl

Das Wasser leicht erwärmen und die Seife darin lösen, zusammen mit den restlichen Zutaten in eine Sprühflasche geben. Auch hier empfiehlt es sich mit einer Gummilitze abzuziehen, da Reiben mit einem Tuch eventuell Kratzer auf der Scheibe verursachen kann.

Duft und Frische

Für den Badbereich wurden bereits zwei Potpourris vorgestellt, die ebenso im Wohnbereich angewendet werden können. Darüber hinaus werden hier noch zwei weitere Methoden gezeigt, wie Sie in ihren Räumen einen angenehmen Duft erzeugen können.

Duftkissen

- eine Handvoll Kleintierstreu
- 20 Tropfen Lavendelöl
- 20 tropfen Rosmarinöl
- 10 Tropfen Bergamotteöl
- ein kleines Baumwollbeutelchen

Kleintierstreu aus Holzschnitzeln eignet sich hervorragend um Duft zu halten und langanhaltend zu verströmen. Geben Sie das Öl auf die Schnitzelchen und stecken Sie diese in den kleinen Beutel. Wenn Sie eine Nähmaschine besitzen, sind Ihnen hier bezüglich Stoff, Größe und Gestaltung kaum Grenzen gesetzt. Sie können hübsche Beutel patchworken und besticken, an einem Band am Fenster oder an der Tür aufhängen. Soll es schnell gehen, besorgen Sie sich einfach einen Beutel mit Zugband im Bastelgeschäft. Die Duftmischung ist natürlich Ihrem Geschmack überlassen, theoretisch können Sie auch Ihr Lieblingsparfum verwenden!

Duftkerzen

- 5 Teelichte
- 10 Tropfen ätherisches Öl

Bei den meisten Teelichten lässt sich der Docht samt Metallstandfuß ganz leicht aus dem Wachskörper herausziehen. Stellen Sie ihn danach wieder in das Metallschälchen, eventuell den Fuß mit einem Tropfen Wachs fixieren. Die Wachskörper der Kerzen im Wasserbad schmelzen. Nehmen Sie hierfür am besten eine alte Konservenbüchse die Sie nachher wegwerfen können, da mit Wachs verklebte Gefäße sich nur schwer reinigen lassen. In das geschmolzene Wachs das ätherische Öl tropfen, dann das Wachs zurück in die Metallschälchen mit den Dochten gießen. Schützen Sie Ihre Hände mit Handschuhen vor Verbrennungen und achten Sie auf eine Feuerfeste Unterlage der Teelichte!

Kleiderschrank

Mottenbügel

- 1 Kleiderbügel aus Holz
- 5 Tropfen Lavendelöl oder Zedernholzöl

Der Kleiderbügel sollte aus unbehandeltem Holz gefertigt sein, ansonsten mit Schleifpapier an einer Stelle die Oberfläche abschmirgeln bzw. das Holz aufrauen. Auf diese Stelle das ätherische Öl tropfen, einziehen lassen und den Bügel ganz normal im Schrank verwenden.

Mottenduftkissen

- eine Handvoll Kleintierstreu
- 10 Tropfen Zedernholzöl
- ein kleines Baumwollsäckchen

Wie unter „Duftkissen" beschrieben kann auch ein Mottenschreck für den Kleiderschrank hergestellt werden. Wenn es ganz einfach gehen soll, dann verwenden Sie einen einzelnen Socken, der beim Waschen übriggeblieben ist und seitdem seinen Partnersocken nicht mehr findet. Mit Hilfe einer Halterung für Teefilter, die Sie als „Sockenspanner" verwenden können, ist das Befüllen mit dem Kleintierstreu ein Kinderspiel. Danach kann der Socken einfach verknotet werden, in den Schrank legen, fertig.

Lavendelsäckchen

- eine Handvoll getrocknete Lavendelblüten

- ein kleines Baumwollsäckchen

Getrocknete Lavendelblüten bekommt man recht günstig im Internet. Besorgt man sich hier gleich eine etwas größere Menge, die man luftdicht aufbewahrt, kann man sein selbstgestaltetes Lavendelkissen immer wieder auffrischen. Einfach eine Handvoll Blüten in ein Säckchen geben und dieses dann im Kleiderschrank deponieren.

Holzpflege und Oberflächen

Holzpflegepaste

- 180g Leinöl (oder Rapsöl)

- 10g Bienenwachs

- 10g Carnaubawachs

Wachse und Öle im Wasserbad schmelzen, danach die Mischung in ein Einmachglas abfüllen. Die Holzoberfläche sollte vorher intensiv gereinigt werden, z.B. mit Seife. Danach muss das Holz gründlich trocknen. Die Paste lässt sich gut auftragen und zieht besser ins Holz ein, wenn Sie vor Gebrauch etwas erwärmt wird. Dann die Paste mit einem Küchenkrepp großzügig auf der Holzoberfläche verteilen und ca. 30 bis 60 Minuten einziehen lassen.

Nun kann der Überschuss mit einem sauberen Küchenkrepp abgenommen werden. Carnaubawachs ist ein sehr hartes Wachs und deshalb gut zur Holzpflege geeignet, zur Not kann der Anteil im Rezept aber auch durch Bienenwachs ersetzt werden. Die Veganer verwenden einfach nur das Carnaubawachs oder auch Candelillawachs.

Staub und Tierhaare

Nylonstrumpfhosen eignen sich hervorragend zum Staubwischen und Entfernen von Tierhaaren, da sie sich statisch aufladen und alles an ihnen hängenbleibt. Zum Entfernen von Haaren auf Möbeln ziehen Sie einfach ein Strumpfbein über ihre Hand und reiben über die Oberfläche.

Tastatur- und Mausreiniger

- 20ml Spiritus
- 10ml Kräuteressig
- 80ml Wasser
- 20 Tropfen Zitronenöl

Das Wasser aufkochen und leicht abkühlen lassen damit man sich nicht verbrennt, mit den restlichen Zutaten vermischen. Die Lösung auf ein sauberes Tuch geben und Tastatur und Maus damit reinigen. Das Tuch darf nicht zu nass sein, damit kein Wasser in die Elektronik eindringen kann.

WASCHKÜCHE

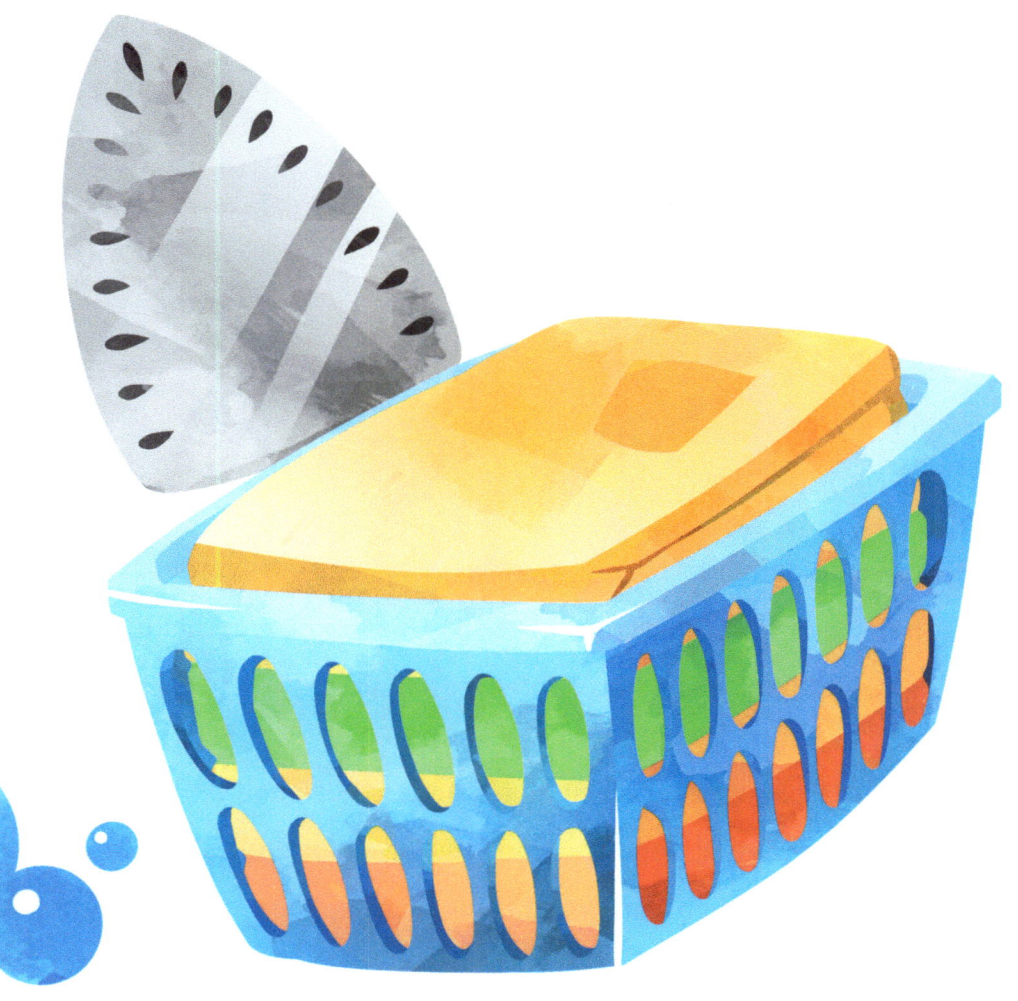

. . . .

Waschen

Für die Wäsche eignen sich besonders folgende ätherische Öle: Fichten-, Zedern- oder Tannennadelöl, Eukalyptusöl, Lavendelöl, Zitronenöl, Pfefferminzöl, Geraniumöl, Rosmarinöl, süßes Orangenöl und Teebaumöl. Diese können einzeln aber auch in einer persönlichen Mischung verwendet werden.

Flüssigwaschmittel

- 250ml Flüssigseife

- 1 Teelöffel Glycerin

- 30 Tropfen Pfefferminzöl (oder andere ätherische Öle)

Vor jeder Verwendung sollte die Mischung gut geschüttelt werden, da sich die ätherischen Öle absetzen können. Für eine Waschladung benötigen Sie 150-250ml, je nach Größe der Maschine.

Seife ist für das Wäschewaschen deshalb besonders geeignet, da sie die Fasern nicht völlig entfettet, sondern eine leicht rückfettende Wirkung hat, sodass der Gebrauch von herkömmlichen Weichspülern so gut wie überflüssig wird.

Waschnuss-Wäsche

- eine Handvoll Waschnüsse

- 50g Waschsoda

- 10 Tropfen Eukalyptusöl

Das Waschen mit indischen Waschnüssen ist vielleicht schon einigen bekannt. Hierbei werden die Waschnüsse in einem Baumwollbeutel direkt mit zur Wäsche gegeben. Häufig verfärbt sich jedoch besonders weiße Wäsche mit der Zeit etwas bräunlich, da keine Bleichmittel wie in herkömmlichem Waschpulver verwendet werden. Außerdem möchten viele Menschen gerne frisch duftende Wäsche, was die Waschnuss auch nicht unbedingt bieten kann. Geben Sie deshalb einfach ein paar Tropfen ätherisches Öl direkt auf die Waschnüsse, ehe diese in der Trommel landen, sowie etwa einen gehäuften Esslöffel Waschsoda in das Pulverfach der Maschine.

Waschpulver

- 200g Waschsoda

- 200g Natron

- 200g geraspelte Kernseife

- 30 Tropfen Zitronenöl

- 30 Tropfen süßes Orangenschalenöl

- 30 Tropfen Lavendelöl

Vermischen Sie zunächst Soda und Natron und geben Sie tröpfchenweise das ätherische Öl unter Rühren dazu. Dann vermischen Sie alles mit der geraspelten Kernseife.

Das Waschpulver möglichst luftdicht aufbewahren. Das Pulver verklumpt leicht, besorgen Sie sich eventuell kleine Silicagel-Tütchen, die Sie zur Entfeuchtung mit ins Gefäß legen können.

Weiche Bettwäsche

- 50ml flüssige Seife
- 1 Teelöffel Glycerin
- 10 Tropfen Tannennadelöl

- 1 Schnapsglas Aloe Vera Saft
- 100ml Wasser
- 5g Zitronensäure
- 10 Tropfen Teebaumöl

Wie schon zu Beginn beschrieben müssen saure und basische Lösungen auch hier strikt getrennt werden. Geben Sie die Mischung aus Seife, Glycerin und ätherischem Öl direkt zur Wäsche in die Maschine. Dosierhilfen, die befüllt und einfach mitgewaschen werden können, gibt es meist kostenlos bei den Herstellern von Waschmitteln.

Stellen Sie aus Wasser, Zitronensäure und Teebaumöl eine Lösung her, von der Sie 3 Schnapsgläser in das Weichspülfach der Maschine geben, dazu geben Sie noch ein Schnapsglas Aloe Vera Saft.

Milde Bleiche

- 50ml flüssige Seife
- 200ml Wasser
- 50g Waschsoda

Die Soda im Wasser auflösen und mit der Seife vermischen. Diese Mischung eignet sich zur Handwäsche, zur Vorbehandlung von Flecken und zur Maschinenwäsche von weißen Textilien.

Colorwaschmittel

- 200ml flüssige Seife
- 300ml Wasser
- 50g Waschsoda
- 100g Bittersalz

Salz und Soda im Wasser lösen, mit der Seife vermengen. Von diesem Waschmittel verwenden Sie etwa 200-400ml pro Waschladung.

Weichspüler

- 200ml Kräuteressig
- 100ml destilliertes Wasser
- 50ml Wodka oder Doppelkorn
- 20 Tropfen Lavendelöl

Geben Sie die Mischung bis zur Markierung in das Weichspülfach der Maschine.

Wenn Sie den Essiggeruch scheuen, können Sie auch hier eine Zitronensäurelösung verwenden (siehe „weiche Bettwäsche"). Oder versuchen Sie es einmal mit einem Wasserenthärter:

Wasserenthärter-Pulver

- 1 Teelöffel Zeolithmehl
- 1 Teelöffel Waschsoda
- 1 Teelöffel Siedesalz

Vermischen Sie die Pulver und geben Sie alles direkt zur Wäsche in die Trommel. Zeolith ist ein natürliches Mineral, das u.a. zur Klärung von Teichen und Aquarien eingesetzt wird, sodass Sie es im Zoofachhandel bekommen können.

Vorbehandlung der Wäsche

Vorbehandlungsspray

- 100ml Spiritus

- 100ml Essig

Diese Kombination löst viele hartnäckige Flecken aus der Kleidung, beispielsweise Tee, Marmelade und viele andere. Einfach den Fleck damit besprühen, 10 Minuten einwirken lassen und wie gewohnt waschen. Bei empfindlichen Textilien vorher an nicht sichtbaren Stelle testen.

Deostick-Reste

- 500ml Wasser

- 5 Esslöffel Waschsoda

Deosticks hinterlassen manchmal Rückstände im Gewebe der Achseln von T-Shirts, die sich in der Maschine oft nicht entfernen lassen. Lösen Sie 3 Esslöffel Soda im heißen Wasser auf uns geben Sie das Shirt hinein, sodass die Achseln sich in der Lösung befinden. Dann geben Sie die restlichen zwei Esslöffel Soda direkt auf die betroffene Stelle und lassen das Ganze eine halbe Stunde einwirken. Nun den verhärteten oder verfärbten Stoff der Achseln hin und her bewegen, sodass sich die Reste des Deosticks in Form von leicht schmierigem Schaum lösen, danach das Kleidungsstück danach wie gewohnt in die Maschine geben.

Blutfleck entfernen

Die beste Methode bei Blutflecken: Das Textil sofort lange in kaltem Wasser einweichen, wenn es sein muss einen ganzen Tag. Ist noch ein Fleck zu sehen, Waschsoda auftragen und einreiben, danach wie gewohnt waschen.

Trocknen und Bügeln

Trocknertücher

- 10 Zellulosetücher
- 90ml Wasser
- 10ml Wodka
- 2g Glycerin
- 10 Tropfen ätherisches Öl

Geben Sie die Zellulosetücher in ein luftdicht verschließbares Gefäß, vermischen Sie alle weiteren Zutaten und geben Sie die Flüssigkeit dazu. Sind alle Tücher vollgesogen, den Rest abgießen oder noch weitere Tücher hinzugeben. Experimentieren Sie mit der für Sie richtigen Menge an ätherischem Öl, die einen mögen einen intensiveren Duft, die anderen mögen es eher dezent.

Bügelwasser

- 500ml destilliertes Wasser

- 20ml Wodka

- 30 Tropfen ätherisches Öl wie

  Lavendel, Rose oder Blutorange

Vermischen Sie alles und befüllen Sie damit Ihr Dampfbügeleisen. Auch hier können Sie die Menge an ätherischem Öl variieren, je nachdem wie es Ihnen gefällt.

SPEZIALFÄLLE

SPEZIALFÄLLE

Rost

Rost lässt sich am besten mit Phosphorsäure oder Oxalsäure lösen. Hier gibt es zwei einfache aber wirkungsvolle Hausmittel:

Cola

Cola enthält ca. 15% Phosphat in Form von Orthophosphorsäure. Legen Sie den oxidierten Gegenstand für einige Stunden in Cola ein um den Rost zu lösen. Haben sSe eine größere Fläche, beispielsweise im Außenbereich, dann können Sie eine Mischung aus Cola und Zuckertensid mit einem Schwamm einreiben.

Rhabarber

Rhabarber enthält in den Stielen etwa 460mg Oxalsäure auf 100g Pflanzenfrischgewicht. Benutzen Sie stets frischen Rhabarber, keinen fertig abgepackten Rhabarbersaft oder ähnliches. Sie können entweder eine Schnittstelle des Stängels direkt auf die zu entrostende Stelle reiben oder den frischen Rhabarber pürieren und den Brei auf den Rost auftragen.

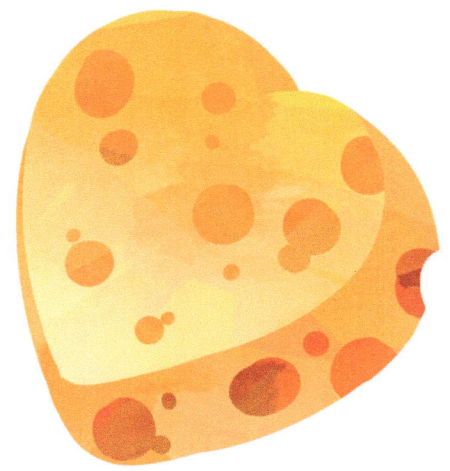

Polieren

Grillreiniger

Ein fettiges Grillrost lässt sich gut vorbehandeln, indem man es mit den Aschresten aus dem Grill einreibt bzw. bestreut. Dies ist umso wirkungsvoller, wenn Asche und Grill noch etwas warm sind, aber verbrennen Sie sich nicht! Asche ist alkalisch und es kommt zu einer leichten Verseifungsreaktion, die das Fett löst.

Haben Sie ein Plastiknetz von Mandarinen, Apfelsinen oder Zitronen in der Küche, das Sie sonst weggeschmissen hätten? Dann tragen Sie etwas flüssige Seife auf und benutzen es als Scheuerschwamm für den Grill. Danach kann das Netz einfach entsorgt werden, Sie brauchen keinen fettigen schwarzen Schwamm mehr mühsam ausspülen.

Silber und Metalle Reinigen
* 3 handgroße Stücke Aluminiumfolie
* 20g Siedesalz
* 20g Natron
* 2 – 3 Liter Wasser

Große Mengen Silberbesteck reinigt man am besten auf dem Herd. Silber mit Alufolie, Salz und Natron in einen großen Topf geben, mit Wasser übergießen und zum Kochen bringen.

10 bis 20 Minuten köcheln lassen, danach ist die Silberpatina verschwunden. Dies ist die schonendste Methode um Silber zu reinigen, da kein mechanischer Abrieb erfolgt. Nachher muss eventuell die Salzkruste entfernt werden, nehmen Sie hierfür echte flüssige Seife und kein Spülmittel.

Bei hartnäckigen Verschmutzungen kann eine einfache Polierpaste hergestellt werden:

Polierpaste
- 50ml flüssige Seife
- 2-3 Esslöffel Schlämmkreide

Vermischen Sie die Seife mit so viel Schlämmkreide, bis die gewünschte Konsistenz erreicht ist. Mit Hilfe eines leicht feuchten Tuchs kann die Paste auf dem Silberstück verrieben werden. Dies eignet sich auch für andere Metalle wie Messing. Anstelle der Paste kann auch einfach Zahnpasta zum Polieren verwendet werden.

Die Lagerung von Silberbesteck hat großen Einfluss darauf, wie schnell das Material wieder anläuft. Wickeln Sie das Besteck in Alufolie ein und geben Sie pro Alu-Päckchen jeweils 2-3 kleine Silicagel-Tütchen hinzu, diese absorbieren Feuchtigkeit.

Spezielles

Bürsten, Kämme, Pinsel, Schwämmchen

- 100ml Flüssigseife
- 20 Tropfen Eukalyptusöl

Tun Sie Haut und Haaren etwas Gutes und reinigen Sie regelmäßig ihre Badutensilien von Schuppen, Staub und Talg.

Entfernen Sie vorher alle Haare aus der Bürste, beispielsweise mit Hilfe eines langen Holzstäbchens. Befeuchten Sie die Bürste und schäumen Sie sie gründlich ein. Eventuell hilft eine Fingernagelbürste oder eine alte ausgediente Zahnbürste bei der Reinigung zwischen den Zinken. Danach über Nacht zum Trocknen (mit den Borsten nach unten, damit eingedrungenes Wasser ablaufen kann) an einen warmen luftigen Platz legen. Ebenso kann mit Schminkpinseln, Puderquasten und Kosmetikschwämmchen verfahren werden. Diese gründlich aufschäumen, mit klarem Wasser ausspülen und trocknen lassen. Bei Echthaarpinseln kann auch eine überfette Seife zur Pflege verwendet werden.

Schuhe

- 2 Tassen Bentonit-Katzenstreu
- 10 Tropfen Teebaumöl

Vermischen Sie das Katzenstreu mit dem Teebaumöl und füllen Sie es in die verschwitzten, feuchten oder muffigen Schuhe. Die Feuchtigkeit wird von der Katzenstreu absorbiert und das Teebaumöl wirkt antibakteriell. Zur weiteren Behandlung kann auch ein Schuhspray gute Dienste leisten:

Schuhspray

- 80ml Wasser

- 15ml Spiritus

- 30 Tropfen Teebaumöl

Alles vermischen und in eine Sprühflasche geben, ab und zu in die Schuhe sprühen. Dies kann auch als Vorbehandlung vor der Verwendung der Katzenstreu geschehen.

Feuchte Reinigungstücher für die Reise

- 50ml Rosenwasser

- 50ml Doppelkorn oder Wodka

- 1Teelöffel Zitronensäure

- 1 Teelöffel Natron

- 5 Tropfen Orangenöl

- 5 Tropfen Lavendelöl

Dieses Rezept für die feuchten Tücher trocknet die Haut nicht aus, hinterlässt aber ein etwas „seifiges" Gefühl, sodass mit klarem Wasser nachgespült werden sollte. Alles verrühren, aber Achtung: Wenn Zitronensäure und Natron zusammenkommen, sprudelt es! Es kann sich ein Bodensatz bilden, der jedoch nicht noch einmal extra umgerührt werden muss, um ihn in Lösung zu bringen. Die ätherischen Öle lösen sich jedoch ohne Lösungsvermittler nicht besonders gut, hier muss etwas gerührt werden.

Sie benötigen Zellulosetücher (z.B. Einwegwaschhandschuhe oder Einweghandtücher aus einer Zellulosefaser), sowie einen luftdichten Behälter. Die Tücher zuschneiden bzw. zurechtfalten und in das Gefäß legen. Die Waschlösung darüber gießen bis die Tücher vollgesogen sind. Sollte Flüssigkeit übrigbleiben, können Sie diese einfach abgießen oder noch mehr Tücher hinzufügen.

Ein weiteres Rezept, das sich auch unterwegs für die Reinigung von sanitären Anlagen eignet:

Feuchte Reinigungstücher #2

- 50ml Orangenblütenwaser
- 50ml Doppelkorn oder Wodka
- 2 Esslöffel Weißweinessig

Nach der gleichen Methode können auch Öltücher hergestellt werden:

Öltücher

- 100ml Rapsöl, Sonnenblumenöl

  oder Olivenöl

- 50ml hochwertiges Öl wie Jojobaöl,

  Mandelöl oder Arganöl

- 5 Tropfen ätherisches Öl (optional)

Die Tücher werden das Öl schwerer annehmen, hier ist etwas Geduld gefragt. Sie eignen sich sowohl zum Abschminken im Gesicht als auch zum Entfernen von Motoröl auf Händen oder Oberflächen. Wenn Sie die Tücher direkt am Auge anwenden wollen, sollten Sie auf ätherische Öle verzichten. Für reine Putztücher sind hochwertige Öle nicht erforderlich, hier reicht einfaches Bratöl aus dem Supermarkt.

Grundrezepte

GRUNDREZEPTE

Bei der Seifenherstellung wird ätzende Kalilauge verwendet, sodass das Tragen von Schutzkleidung in Form von Kittel, Brille und Handschuhe unbedingt erforderlich ist. Wenn Sie Anfänger sind, empfehle ich Ihnen mein Buch „Seife sieden für Einsteiger" zu lesen, hier werden alle Schritte der Seifenherstellung detailliert beschrieben.

Flüssig- und Schmierseife

- 150g Kokosfett
- 150g Rapsöl
- 200g Sonnenblumenöl
- 103g Kaliumhydroxid (KOH)
- 400g Wasser

Schmierseife wird mit Hilfe von Kaliumhydroxid hergestellt. Im Grunde kann jedes beliebige Fett verseift werden, da jedoch eine Haushaltsseife hergestellt werden soll, empfiehlt es sich besonders günstige Fette zu verwenden. Dies sind beispielsweise Kokosfett, Rapsöl und Sonnenblumenöl.

Die Fette zusammen auf dem Herd schmelzen, die Lauge aus KOH und Wasser in einem weiteren Gefäß anrühren. Wenn sich alle Kristalle gelöst haben die Lauge zum Fett gießen, kurz umrühren und dann mit einem Pürierstab mixen. Achtung vor ätzenden Spritzern! Diese können am besten mit einem in Essig getränkten Küchentuch neutralisiert werden.

Die nun folgende Heißverseifung kann entweder direkt auf dem Herd, im Wasserbad oder im Backofen bei ca. 90°C erfolgen. Die Seife sollte mindesten 2 Stunden erhitzt werden und dabei ab und zu umgerührt werden, bis sie leicht transparent wird und etwa wie Vaseline aussieht, dann ist die Verseifung größtenteils abgeschlossen. Die Seife kann nach Belieben weiter in Wasser gelöst und somit verdünnt werden. Aus der beschriebenen Menge kann bis zu 1,5 Liter Flüssigseife hergestellt werden.

Die vollständig gelöste Seife sollte nun noch 2 Wochen „reifen", in dieser Zeit wird sie milder und klarer. Ein Bodensatz aus Unverseifbarem setzt sich ab, der dekantiert werden kann.

Kernseife

Für die Kernseifenherstellung nehmen Seifensieder gerne alte Seifenreste vergangener Seifenherstellungen, die in möglichst kleine Stücke geschnitten werden. Diese werden mit der doppelten Menge Wasser aufgekocht, bis sie sich gelöst haben. Dann wird ausgesalzen, d.h. soviel Siedesalz (ohne Zusätze, kein Meersalz verwenden) hinzugegeben, dass die Seife aus der Lösung „ausflockt" und von der Oberfläche abgeschöpft werden kann. Die sogenannte Unterlauge wird danach weggegossen. Nun kann die Seife ein weiteres Mal in Wasser gelöst und danach ausgesalzen werden.

Nach dem Abschöpfen wird sie in eine Form gegossen und erhärtet während des Trocknens. Um zu verhindern, dass die Seife zu hart wird während dieser Zeit, kann der noch nassen Kernseife vor der Einformung auch etwas schwache Natronlauge hinzugegeben werden.

Überfette Schmierseife

- 200g Sonnenblumenöl
- 150g Rapsöl
- 125g Kokosfett
- 25g Bienenwachs
- 90g Kaliumhydroxid (KOH)
- 400g Wasser

Eine überfette Seife hat einen Fettüberschuss, der sowohl Haut, Textilien als auch Holzoberflächen durch den rückfettenden Effekt geschmeidig hält. Prinzipiell kann diese Seife als feste Seife mit Natriumhydroxid (NaOH) aber auch als flüssige Seife mit Kaliumhydroxid (KOH) hergestellt werden. Außerdem kann man für Holzböden beispielsweise noch etwas Glyzerin hinzufügen.

Die Herstellung ist analog zur normalen Schmierseife. Durch den Zusatz von Bienenwachs eignet sie sich hervorragend für die Reinigung von Holzdielenböden oder anderen Holzoberflächen.

Überfette feste Seife

- 225g Kokosfett
- 150g Rapsöl
- 125g Sonnenblumenöl
- 70g Natriumhydroxid (NaOH)
- 200g Wasser

Die Herstellung erfolgt zunächst wie unter „Schmierseife" beschrieben im Heißverfahren. Hat die Seifenmasse ein glasiges Aussehen angenommen, kann sie in eine entsprechend große Form gefüllt werden (vorher am besten mit Plastikfolie oder Backpapier auslegen) und erhärtet während sie abkühlt. Anschließend kann sie in Stücke geschnitten werden und sollte dann noch 2 Wochen „reifen".

Eigene Rezepte, Anmerkungen, Notizen